Couverture inférieure manquante

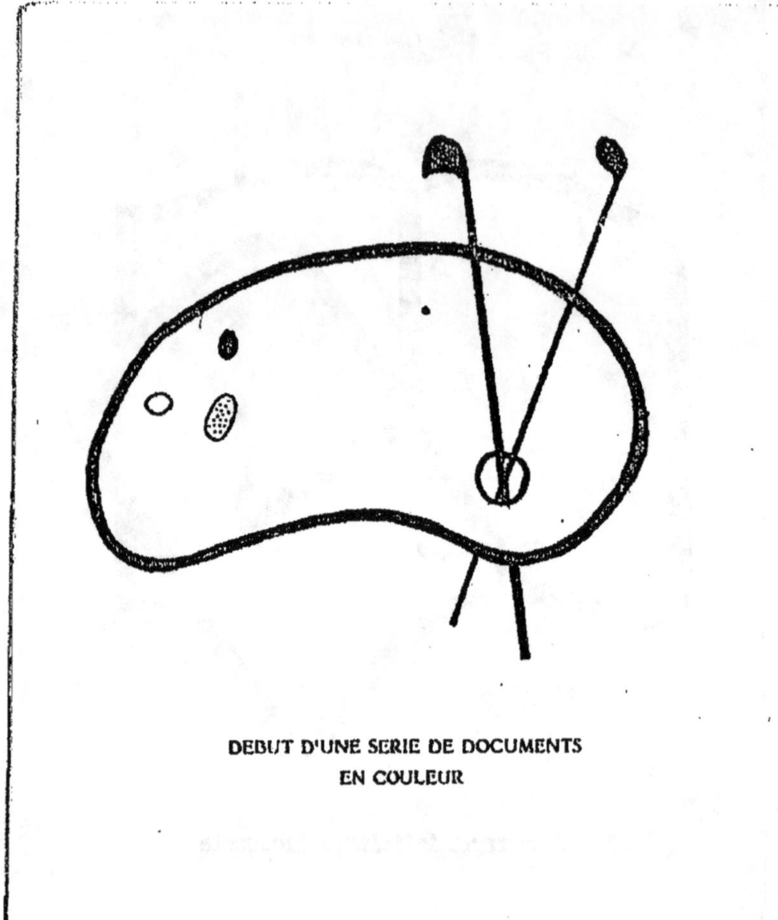

DEBUT D'UNE SERIE DE DOCUMENTS
EN COULEUR

LE SURNATUREL

LEÇONS DONNÉES AU CERCLE DU LUXEMBOURG

(1873-1874)

PAR

M. l'Abbé de BROGLIE

Avec Préface et notes

Par **Augustin LARGENT**

Chanoine honoraire de Paris

TOME PREMIER

PARIS

LIBRAIRIE BLOUD & Cie

4, RUE MADAME ET RUE DE RENNES, 59

1905

SCIENCE ET RELIGION

Études pour le temps présent. — Prix 0 fr. 60 le vol.

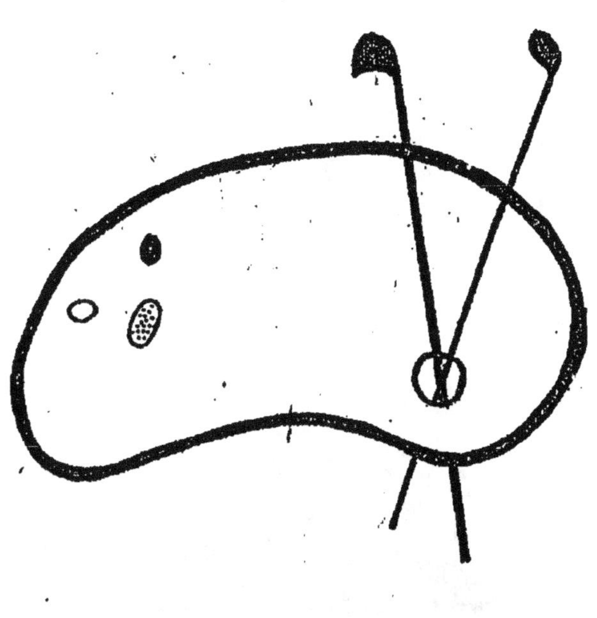

FIN D'UNE SERIE DE DOCUMENTS
EN COULEUR

SCIENCE ET RELIGION
Etudes pour le temps présent

LE SURNATUREL

LEÇONS DONNÉES AU CERCLE DU LUXEMBOURG
(1873-1874)

PAR

M. l'Abbé de BROGLIE

Avec Préface et notes

Par Augustin LARGENT
Chanoine honoraire de Paris

—

TOME PREMIER

PARIS

LIBRAIRIE BLOUD & Cie

4, RUE MADAME ET RUE DE RENNES, 59

1905

Imprimatur :

Parisiis, die 6ᵃ Augusti 1904.

E. THOMAS,
vic. gén.

TABLE DES MATIÈRES

FIN DE LA TABLE

PRÉFACE

En attendant que la loi du 12 juillet 1875 permît aux Universités catholiques de s'établir, une Ecole libre des hautes études avait été fondée à Paris, au cercle du Luxembourg, par l'infatigable initiative de l'abbé d'Hulst, sous le patronage du cardinal Guibert. M. d'Hulst y avait ouvert, en 1872, un cours de théologie que d'impérieuses occupations le contraignirent bientôt d'abandonner ; il fut remplacé par M. l'abbé de Broglie qui fit sa première leçon le 4 décembre 1873.

M. de Broglie, comme M. d'Hulst, traita d'une question haute et difficile, la question du surnaturel. Voici les titres des six leçons que nous publions :

Le surnaturel considéré comme un fait révélé (deux leçons) ; — *Théorie métaphysique de l'ordre surnaturel ; — Le surnaturel et les hérésies pélagienne et semipélagienne ; — Le surnaturel considéré dans l'enseignement scolastique en présence des hérésies modernes; — De l'essence du surnaturel* (1).

Il importait d'abord de donner une notion exacte de ces mots le *surnaturel, l'ordre surnaturel,* qui n'éveillent dans beaucoup d'esprits que des idées vagues et confuses. Cette notion, M. de Broglie l'a demandée à l'Ecriture, aux Pères, aux scolastiques aussi qui ont continué l'œuvre doctrinale des Pères en la développant.

Pour lui comme pour eux, le surnaturel c'est l'élévation de la créature intelligente et libre, — disons de l'homme, car il s'agit de l'homme, — à une fin qui dépasse les exigences, les puissances, les aspirations même de toute nature créée : fin magnifique qui n'est autre que Dieu vu sans voiles et face à face. L'ordre surnaturel, c'est l'ensemble des moyens à l'aide desquels l'homme peut parvenir à cette fin qui est tout à la fois essentiellement gratuite et rigoureusement obligatoire.

L'histoire des erreurs qui ont altéré la notion du surnaturel et des condamnations qui les atteignirent, offrait au professeur de précieuses

(1) Beaucoup des idées exprimées dans ces leçons se retrouvent dans les conférences de Sainte-Valère, dont la première édition parut en 1878. Ces leçons, cependant, ont leur valeur propre, et présentent un caractère plus didactique et peut-être même plus strictement scientifique que les conférences de Sainte-Valère.

lumières. M. de Broglie rencontre tour à tour sur son chemin l'orgueilleux naturalisme de Pélage ; le naturalisme adouci, inconscient, et néanmoins erroné et périlleux des aimables solitaires de Lérins ; plus tard, dans un sens tout contraire, les assertions hautaines, les radicales négations de Luther et de Calvin, les subtilités érudites et sophistiques de l'évêque d'Ypres ; il rencontre aussi les conciles et les papes qui, avec une autorité souveraine, ont éclairci les points encore obscurs de la doctrine, et provoqué ainsi dans l'enseignement catholique un incontestable progrès. Il signale la clairvoyance et la fermeté de l'Eglise qui, au vi° siècle, frappa les semipélagiens, c'est-à-dire des docteurs pieux qui, par l'abandon d'un seul dogme, indécis à leurs yeux, — la nécessité de la grâce prévenante pour le commencement de la foi, — espéraient étouffer des murmures et raffermir dans la foi des âmes inquiètes. Cette conduite, l'Eglise l'a toujours tenue ; puissance venue d'en haut, et sûre de l'assistance divine, elle n'a jamais hésité devant le devoir d'affirmer la vérité, au risque même d'irriter ses ennemis et de contrister ses serviteurs. « Au xvi° et au xvii° siècle », écrivais-je il y a vingt-six ans, à propos des *Conférences de Sainte-Valère*, l'Eglise a bravé une formidable impopularité, en défendant contre le protestantisme et le jansénisme des dogmes consolants ; de nos jours, les adversaires ne sont plus les mêmes, mais la lutte n'a pas cessé. Les lugubres erreurs de Baïus et de Quesnel ont fait place à des systèmes qui exaltent outre mesure la raison et la nature humaines ; indifférente aux outrages et aux menaces, l'Eglise poursuit le combat et maintient contre les modernes adorateurs des droits de l'homme, l'imprescriptible domaine des droits de Dieu (1). »

M. de Broglie est tout entier dans ces leçons, débuts d'une maturité déjà puissante. Il y est avec les rares dons d'une intelligence fécondée par la méditation et par l'étude ; il y est aussi et surtout avec ce zèle éperdu, si j'ose ainsi parler ; avec cet amour des âmes qui accompagna partout le lieutenant de vaisseau devenu prêtre, et qui, par une magnanime imprudence, l'a poussé au-devant de la mort.

AUGUSTIN LARGENT,

Chanoine honoraire de Paris.

Le 30 juin 1904, en la fête de la Commémoration de l'apôtre saint Paul.

(1) *Correspondant* du 25 décembre 1878.

LE SURNATUREL

PREMIÈRE LEÇON

LE SURNATUREL CONSIDÉRÉ COMME UN FAIT RÉVÉLÉ. LE SURNATUREL DANS L'ÉCRITURE SAINTE

Le sujet de nos études a été si clairement défini, et leur champ si nettement délimité par l'éminent professeur qui a inauguré ce cours (1), que nous pouvons dès aujourd'hui entrer dans le cœur même de notre matière, et étudier la notion du surnaturel dans ses sources, c'est-à-dire dans les documents révélés qui nous en manifestent l'existence et la nature.

Vous n'avez pas oublié en effet, Messieurs, que le surnaturel dont nous nous occupons, le surnaturel de la grâce, que M. l'abbé d'Hulst distingue par le nom de surnaturel théologique (2) et qui seul fait l'objet de ce

____

(1) M. l'abbé, depuis Mgr d'Hulst,

(2) M. d'Hulst distingue deux espèces de surnaturel : le *Surnaturel théologique* (dont traitent les leçons que nous pu-

cours, est avant tout un objet de foi. C'est une notion qui nous vient du dehors, qui s'appuie sur le témoignage de Dieu, et non sur nos conceptions. Dans l'esprit humain, le fait du surnaturel précède l'idée. Essayer de construire le surnaturel *a priori* par le raisonnement, de s'élever de sa possibilité à son existence par la seule force de l'argumentation, ce serait une entreprise aussi vaine qu'insensée ; le raisonnement n'opère, que sur des bases et des prémisses certaines ; et d'où recevrait-il la donnée première du surnaturel, si ce n'est de la révélation divine ? D'autre part, s'appuyer, pour fonder la science du surnaturel, sur les manifestations variables, obscures, intermittentes de la grâce divine dans la conscience humaine, sur ces impressions sensibles, si fugitives et sujettes à tant d'illusions, ce ne serait pas moins s'écarter des vrais principes de la science sacrée, ce serait suivre les faux mystiques dans la voie funeste qui les a conduits à étonner le monde par leurs égarements. C'est donc à la parole révélée seule que nous devons nous adresser.

Mais où puiserons-nous cet enseignement divin ? Les documents qui le renferment, bien que tous semblables quant à la doctrine, égaux quant à l'autorité, sont, quant à la forme, d'espèce bien différente. Rien n'est plus dissemblable quant à la manière d'exposer la doctrine, que d'une part les documents primitifs, ceux qui

blions), et le *miracle.* « (Le miracle) est révélateur du surnaturel théologique. Il lui sert de lettre de créance. » (A. L.).

ont été écrits avant les grandes luttes contre les hérésies, avant la formation de ce vaste et puissant corps de doctrine, auquel l'usage a donné le nom caractéristique d'enseignement de l'Ecole, et d'autre part, les documents plus modernes, les décisions rendues dans les temps plus récents par les papes et les conciles.

Ce n'est point sans doute qu'il y ait quant au fond de la doctrine la moindre différence. L'Eglise, nous dit saint Vincent de Lérins, fidèle gardienne du dépôt de la révélation, ne change rien aux enseignements qu'elle a reçus, elle n'en ôte rien, elle n'y ajoute rien, elle ne perd rien de ce qui est à elle et n'y mélange rien d'étranger, *nihil permutat, nihil minuit, nihil addit, non amittit sua, non usurpat aliena* (1). Toute son œuvre consiste dans la définition de plus en plus claire, dans l'épanouissement de plus en plus complet, d'une doctrine reçue tout entière de la main des apôtres.

Ce n'est point non plus que l'autorité des derniers documents soit inférieure à celle des premiers. Si l'Esprit saint a dicté toutes les paroles des évangélistes et des apôtres, le même Esprit garantit leurs successeurs contre la moindre erreur. Si les textes primitifs nous donnent l'écho fidèle des paroles qui étaient tout récemment sorties de la bouche du Sauveur, les enseignements plus modernes de l'Eglise sont l'œuvre de l'Esprit qui, suivant la promesse du même Sauveur, devait suggérer et répéter à ses disciples dans la suite des

(1) *Commonit.*, cap. XXII,, n. 60.

temps, au fur et à mesure des besoins de l'Eglise, ce qu'il avait enseigné à l'origine. *Ille vos docebit omnia, et suggeret quæcumque dixero vobis* (1).

Toute la différence est dans la forme ; voici en quoi cette différence consiste. Dans les documents primitifs, les dogmes sont exprimés d'une manière concrète et vivante. Ce sont des affirmations nettes, hardies, si absolues quelquefois qu'elles semblent contenir des conséquences absurdes ou exagérées. D'autres fois, ces affirmations sont contredites par d'autres affirmations en apparence contradictoires, sans que l'écrivain sacré semble s'en préoccuper. La doctrine révélée est aux yeux de l'auteur inspiré comme un grand fait qu'il contemple, qu'il affirme, qu'il décrit par une série nombreuse d'images qui sont l'expression vivante de la vérité surnaturelle dans le langage humain. Mais il ne paraît pas s'inquiéter de rattacher ce fait aux autres, de le concilier avec ce qui semble lui être opposé, de le faire cadrer avec le reste de la doctrine.

Au contraire, les enseignements plus récents de l'Eglise ont gardé la forme abstraite, précise et systéma- tique qui a été comme la marque du génie d'Aristote sur la science entière du Moyen Age. Le dogme est devenu une science véritable dont les différentes parties sont liées par une puissante déduction. L'ensemble de cette exposition du dogme, plus satisfaisant pour l'in-

____
(1) Joan., xiv, 26.

telligence, plus apte à recevoir la base d'un enseignement scientifique, est cependant moins vivant, moins populaire et moins attachant que la forme primitive de la doctrine dans l'Ecriture sainte et dans les premiers monuments de la tradition. La théologie moderne est comme l'anatomie du dogme, elle nous montre la place, la fonction et le lien de chacune de ses parties, mais c'est à la condition de disséquer l'être pour en examiner les différents organes. L'Ecriture et la tradition primitive nous présentent et nous décrivent au contraire les vérités dogmatiques comme des choses vivantes et réelles ; elles ne les décomposent pas dans leurs éléments, elles les montrent en action devant nos yeux. Jésus-Christ Dieu et homme dans la crèche et sur la croix ; le Saint-Esprit habitant dans les âmes, telle est la forme concrète et vivante des mêmes mystères dans lesquels la théologie distingue les rapports de nature et d'hypostase, et les subtiles bien que réelles distinctions de la grâce actuelle et habituelle, efficace et suffisante.

Du reste, il faut reconnaître que cette transformation de l'enseignement catholique était nécessaire, et que les deux formes que nous venons de distinguer ont leur raison d'être. Si la première, la forme concrète et populaire n'avait pas existé, jamais le monde n'aurait été initié à la doctrine chrétienne ; jamais les simples et les ignorants n'auraient, suivant l'admirable dessein de Dieu, précédé dans le chemin du salut les sages et les savants. Jamais aussi la doctrine enfermée dans les sèches formules de l'école n'aurait pu produire son effet sur les âmes, enflammer les cœurs d'amour et les pousser aux vertus héroïques. Mais d'autre part, un simple regard jeté sur l'histoire de l'Eglise prouve l'absolue nécessité de cette forme scientifique et abstraite de l'exposition théologique. Seule elle pouvait donner à la doctrine une consistance assez grande pour l'empêcher de s'écouler pour ainsi dire et de se fondre dans les nombreuses erreurs au milieu desquelles elle a été noyée dès son origine. C'est à la précision, à la netteté des affirmations de la théologie que nous devons la conservation du dépôt sacré de la vérité. Sans cette forte charpente logique, sans ce soin minutieux du langage, dont la subtilité est inséparable, la vérité se serait trouvée désarmée en face du langage ondoyant et de la versatilité insidieuse de l'erreur. Il suffit, pour s'en convaincre, de se rappeler les longues luttes de l'arianisme où la dialectique d'Athanase put seule triompher de l'hérésie qui se cachait hypocritement sous les formules en apparence les plus innocentes ; les deux formes de l'exposition de la doctrine révélée ont donc un égal droit à notre admiration et à notre respect, et nous pouvons puiser indifféremment la vérité avec la même confiance soit à la source même, dans la sainte Écriture, soit dans le large et pur courant de la théologie catholique.

Il m'a semblé néanmoins, Messieurs, que nous arriverions plus facilement à l'intelligence complète de la notion du surnaturel en commençant par l'étudier dans l'Écriture Sainte et la tradition primitive. Nous irons ainsi du concret à l'abstrait, du fait à la théorie ; nous suivrons dans notre étude le même ordre suivant lequel s'est fait historiquement le développement de la théologie. Nous ne le ferons point néamoins sans avoir toujours l'œil sur les décisions de l'Eglise. Elles nous serviront de jalons pour nous guider dans nos recherches ; elles nous prémuniront contre toute interprétation hasardée. Grâce à elles, nous pourrons avancer sans crainte dans la profondeur mystérieuse du texte sacré, comme l'enfant qui ne craint pas de s'enfoncer dans la forêt parce qu'il entend toujours la voix de sa mère.

Vous ne serez point étonnés, Messieurs, de ne point trouver dans le Nouveau Testament ce terme dont nous nous servons pour désigner l'objet de nos études. Le mot de surnaturel n'appartient pas à la langue de l'Évangile ; c'est un terme théologique de formation postérieure (1). Mais si le mot ne s'y trouve pas, la chose s'y trouve exprimée dans un vivant et merveilleux langage.

Cette union spéciale avec Dieu, cette élévation de l'âme humaine au-dessus de sa condition naturelle, cette vocation à une fin supérieure sont désignées par l'Évangile sous les noms suivants.

(1) On le rencontre pour la première fois comme terme dogmatique dans saint Cyrille d'Alexandrie, *In Joan*, lib. I, 12,

C'est d'abord la régénération, la naissance nouvelle, la formation d'un homme nouveau.

C'est, en second lieu, l'adoption divine, le titre d'enfants de Dieu comprenant le droit à l'héritage céleste. C'est, en troisième lieu, l'habitation de Dieu dans le cœur de l'homme, la présence intime des personnes divines, la société avec le Père et le Fils, la participation à la nature divine.

C'est enfin, comme terme de ce merveilleux état, la possession de Dieu, la vision de l'être divin face à face et la transformation de l'âme devenant semblable à l'objet qu'elle contemple.

Revenons, Messieurs, en détail, sur chacune de ces magnifiques affirmations du texte sacré, et d'abord sur l'idée de la régénération.

Nous lisons dans l'Évangile de saint Jean, ch. III, v. 3 :

« En vérité, en vérité je vous le dis, si quelqu'un ne naît de nouveau, il ne peut voir le royaume de Dieu. »

Cette même doctrine nous est enseignée par saint Paul dans les passages suivants. — La régénération est appelée par lui création et production de l'homme nouveau.

« Nous sommes l'œuvre de Dieu, étant créés en Jésus-Christ dans les bonnes œuvres que Dieu a préparées afin que nous y marchions. » Ephes., ch. II, v. 10.

« Dépouillant le vieil homme avec ses actions et vous revêtant du nouveau, qui se renouvelle à l'image de celui qui l'a créé. » Coloss., III, v. 9-10.

Ces passages, que d'autres complèteront plus tard, ex-priment une pensée très claire.

C'est celle d'un renouvellement complet de l'homme, d'un état radicalement différent de celui où il était avant d'être changé par la grâce.

C'est là le caractère propre de la psychologie et de la morale chrétienne. La philosophie peut parler de retour au bien, de réparation. Le christianisme seul dit à tout homme, quelques efforts qu'il ait faits jusque-là, quelles que soient sa science et sa vertu : Il vous faut naître de nouveau. *Oportet vos nasci denuo* (1).

Maintenant, quelle est l'explication la plus naturelle de ce changement d'état ? N'est-ce pas que l'homme est appelé par le baptême à une union supérieure avec Dieu, à un état que la nature ne comportait pas ?

Le mot de nature vient de naissance.

Naître de nouveau, n'est-ce pas recevoir une seconde nature supérieure à la première ? Être créé en Jésus-Christ, quand on existe déjà, n'est-ce pas recevoir une vie supérieure ? Toutes ces expressions ne conviennent-elles pas exactement à l'idée que nous nous sommes faite d'un état surnaturel ?

Nous pouvons aller plus loin et dire que cette explication, la plus simple et la plus naturelle, est en même temps l'explication nécessaire, la seule pos-sible.

(1) Joan., III, 7.

Pour cela il nous suffit d'écarter une seconde explication de ces textes adoptée par certains hérétiques, en particulier par Luther et Baïus.

Ces docteurs, d'accord en cela avec l'enseignement de l'Eglise, voyaient dans la régénération évangélique le rétablissement de l'état primitif de l'humanité avant la chute originelle. Mais au lieu d'admettre que dans l'un et l'autre état, celui d'innocence et celui de chute, l'état d'enfant de Dieu est une grâce, un état surnaturel, une seconde vie superposée à la vie de la nature, ils prétendaient que cet heureux état n'était autre que l'état naturel de l'humanité innocente.

Partant de ce principe, ils soutenaient que dans le texte que nous avons cité, l'Evangile ne parle pas de l'opposition entre l'homme naturel et l'homme devenu enfant de Dieu, mais simplement de la différence entre l'homme déchu et pécheur et le même homme relevé et réconcilié. La vie nouvelle de la grâce n'est donc autre chose, suivant eux, que la vie vertueuse dont l'homme s'est écarté, que sa nature primitive corrompue par le péché. Il n'est point nécessaire de supposer un état supérieur. L'état primitif et naturel de l'homme a été détruit, il est reconstruit. Voilà tout.

Pour réfuter cette doctrine, il suffit d'en développer la conséquence nécessaire. Nous avons vu que l'Ecriture sainte parle d'un renouvellement complet, d'un changement radical dans l'état de l'homme, de la création en lui d'une vie qui n'existait pas.

Or, si cet état nouveau n'est pas un état surnaturel, si
ce renouvellement et cette création ne sont que le rétablissement de l'état naturel de l'homme, ne voyez-vous
pas quelle conséquence nous sommes conduits à admettre ?

C'est qu'avant la régénération dont parle l'Evangile,
l'état naturel de l'homme était radicalement détruit.
C'est qu'il n'existait pas plus qu'un être n'existe avant
d'être né, qu'une créature n'existe avant d'être créée.

Il n'y avait donc, d'après cette opinion, rien dans
l'homme avant la grâce, rien de bon, rien de moral,
bien entendu, puisqu'il s'agit ici d'un renouvellement
et d'une création morale. Tout ce qui précède ne serait
rien ou ne serait que du mal.

Les hérétiques n'ont pas reculé devant les conséquences de leurs opinions. De là ces propositions
odieuses que l'Eglise a condamnées :

Que le libre arbitre sans la grâce ne peut que pécher.

Que toutes les actions des infidèles sont des péchés, et
toutes les vertus des philosophes des vices.

De là ces opinions plus odieuses encore, mais qui
sortent logiquement de l'erreur première :

La nature bonne de l'homme se trouvant détruite et
absolument viciée ne peut plus être le sujet de la grâce ;
ce qui n'est plus n'est pas réparable ; le mal ne saurait
être le support du bien. De là l'idée de la justification
indépendante des œuvres, indépendante même de l'état

moral de l'âme du pécheur réconcilié par la foi sans être intérieurement changé.

L'Eglise a réprouvé ces opinions, mais lors même qu'elle ne l'aurait pas fait, le bon sens seul et l'évidence suffiraient pour en faire justice. L'homme est déchu sans doute, il est pécheur ; il a dans son cœur un penchant violent au mal, mais il n'est pas dépourvu de tout bien. Nier la vertu de Socrate mourant pour obéir aux lois de son pays, attribuer à un principe mauvais le dévouement de Léonidas se sacrifiant à sa patrie, refuser le titre d'actes moraux aux vertus civiques, à la probité, au désintéressement, à la préoccupation sincère des intérêts de l'humanité que nous voyons quelquefois chez des hommes étrangers à la foi chrétienne, ce serait une intolérance injuste et exclusive contre laquelle la conscience éclairée protesterait. L'Eglise, nous l'avons déjà dit, loin de nous imposer ces sentiments étroits, a, au contraire, constamment défendu les droits de la raison et de la nature humaine ; elle a constamment fermé la bouche à ceux qui écrasaient l'homme outre mesure sous prétexte d'exalter la grâce. Mais elle l'a fait en s'appuyant sur la vraie et claire notion du surnaturel.

Admettez, en effet, deux états moraux de l'homme, tous deux bons, tous deux voulus de Dieu mais hiérarchiquement superposés : l'un, consistant dans la nature elle-même usant de ses facultés et tendant à la félicité par le devoir ; l'autre, dans une nature nouvelle, fruit de la libéralité divine et tendant à une fin plus élevée ; dès lors tout s'éclaircit.

Le caractère absolu, radical, des paroles de l'Ecriture Sainte qui imposent à l'homme une régénération complète, qui déclarent que cette vie nouvelle est un don de Dieu que rien auparavant n'a pu produire ni mériter, s'accorde avec la conservation dans l'homme déchu de facultés natives qu'il a reçues du Créateur. L'homme déchu est totalement dépouillé de la grâce, mais affaibli seulement quant à la nature. — *spoliatus gratuitis, vulneratus in naturalibus.* Il a donc à la fois besoin d'une réparation quant à l'ordre inférieur, et d'une création nouvelle quant à l'ordre supérieur de la grâce.

Nous sommes donc conduits à voir dans l'idée du surnaturel la seule explication possible des textes qui parlent de la régénération.

Voyons maintenant dans d'autres textes sacrés la même idée manifestée sous une forme nouvelle.

L'idée de naissance conclut à celle de filiation. Quand un enfant naît, on se demande de qui il est fils. La même question se pose naturellement à l'occasion de la nouvelle naissance dont l'existence et la nécessité nous sont si clairement révélées. De qui l'homme régénéré est-il fils ? De qui reçoit-il le principe de sa nouvelle existence ?

Ecoutons la réponse de l'apôtre saint Jean (Ev. de saint Jean I, 12, 13).

« A tous ceux qui l'ont reçu, il a donné le pouvoir

d'être faits enfants de Dieu ; à ceux qui croient en son nom ;

« Qui ne sont point nés du sang, ni de la volonté de la chair, ni de la volonté de l'homme, mais de Dieu. »

« Voyez quelle charité le Père a eue pour nous, de vouloir que nous soyons appelés et que nous soyons réellement enfants de Dieu » (1re Ep. de saint Jean, iii, 1).

« Quiconque est né de Dieu ne commet pas le péché, parce que la semence de Dieu demeure en lui, et il ne peut pécher, parce qu'il est né de Dieu » (iii, 9).

« Quiconque aime est né de Dieu » (iv, 7).

« Quiconque croit que Jésus est le Christ est né de Dieu » (v, 1).

« Nous savons que quiconque est né de Dieu ne pèche point, mais la génération divine le conserve, et le malin ne le touche pas » (18).

Saint Paul confirme cette admirable doctrine, et nous montre qu'elle n'est point particulière à l'apôtre que Jésus aimait.

« L'Esprit rend témoignage à notre esprit que nous sommes enfants de Dieu » (Ep. aux Romains viii, 16.)

« Pour que nous reçussions l'adoption des enfants » (Ep. aux Galates iv, 5).

« Et parce que vous êtes enfants, Dieu a envoyé dans vos cœurs l'Esprit de son Fils, criant : Abba, Père » (Ib., 6).

Vous voyez, par la multiplicité de ces textes, auxquels on pourrait en joindre d'autres, qu'il s'agit, non point d'une expression unique qu'on pourrait prendre pour une simple métaphore, mais d'une doctrine, et que ce terme d'enfants de Dieu, corrélatif au terme de régénérés, exprime comme celui-ci une véritable doctrine dont il est la définition.

Essayons d'en bien préciser le sens.

Il est facile d'abord de constater qu'il s'agit bien de l'élévation à un état surnaturel. Il s'agit, en effet, non d'être enfant de Dieu par nature, mais de le devenir : *filios Dei fieri*, dit saint Jean. Il s'agit d'être adopté, suivant une autre expression que saint Paul semble affectionner particulièrement. L'adoption, en grec υἱο-θεσία, est un terme de Droit, dont saint Paul, citoyen romain, se sert à bon escient, et qui exprime très clairement le caractère surnaturel de l'état nouveau.

En effet, la première condition pour être adopté, c'est d'être étranger à la famille de celui qui adopte, c'est d'avoir, préalablement à la qualité nouvelle d'enfant adoptif d'une personne, une existence réelle, une place dans la société.

Pour pouvoir être adopté, il faut donc que l'homme, préalablement à l'acquisition de ce privilège, ait son rang et sa place dans la création, c'est-à-dire la nature propre, par laquelle il est la créature et le serviteur de Dieu. La grâce en venant se surajouter le transforme en enfant (1).

____

(1) En fait et historiquement parlant, l'homme n'a jamais

L'idée juridique de l'adoption est expliquée et complétée par d'autres passages de la Sainte Ecriture qui nous indique comme conséquence de la qualité d'enfants de Dieu le droit à un héritage céleste.

Saint Paul d'abord indique dans les passages suivants ce magnifique complément de son idée.

« Si nous sommes enfants, nous sommes aussi héritiers ; héritiers de Dieu et cohéritiers de Jésus-Christ » (Rom., viii, 17).

« Que s'il est fils, il est aussi héritier » (Gal., vi, 7).

Saint Pierre, écrivant spécialement pour les juifs et faisant une allusion évidente à cet héritage paternel que chaque famille avait acquis dans le partage de la Terre promise, développe cette pensée dans d'admirables passages.

« Béni soit Dieu..., qui nous a régénérés, pour un héritage incorruptible, qui n'est pas souillé, qui ne peut se flétrir, réservé dans les cieux pour vous » (1re Ep. de saint Pierre, i, 3, 4).

« Pour que nous devenions héritiers de la vie éternelle » (iii, 22).

Ainsi l'homme né de nouveau, adopté par Dieu, et ayant droit au ciel comme un enfant a sa part d'héritage, telle est l'idée que la Sainte Ecriture nous donne de cet ordre surnaturel que nous cherchons à définir.

été étranger à la famille divine, car la grâce a été donnée au premier homme dès l'origine. Mais en droit il aurait pu l'être ; cela suffit pour l'exactitude du terme d'adoption.

Il y a cependant, pour bien comprendre cette notion dans toute sa profondeur, une importante remarque à faire. Le terme d'adoption, si admirablement choisi pour exprimer la gratuité du nouveau rapport établi entre Dieu et l'homme, est cependant, comme toute parole humaine, insuffisant pour exprimer dans toute la réalité le merveilleux privilège des enfants de Dieu, L'adoption terrestre, en effet, n'est qu'une union morale, elle confère des droits nouveaux, elle ne change pas la nature même de l'adopté, elle ne lui communique rien de la nature physique du père qu'elle lui donne.

Il n'en est pas ainsi de l'adoption divine : Dieu, dont les paroles toutes-puissantes font ce qu'elles disent (vous reconnaissez ici le langage de Fénelon), ne peut vouloir faire d'une créature son enfant, sans que cette créature, obéissant à sa voix toute-puissante, reçoive en elle-même l'empreinte réelle de cette volonté divine, de sorte que nous ne portons pas seulement le nom d'enfants de Dieu, mais que nous le sommes réellement : *Ut filii Dei nominemur, et simus*, dit saint Jean.

Cette grande et belle vérité est du reste affirmée dans d'autres passages de l'Ecriture Sainte que nous avons déjà cités.

Aussi saint Jean ne se contente pas de dire que les fidèles sont nés de Dieu : Ἐκ Θεοῦ ἐγεννήθησαν (1). Mais il

(1) Joan., i, 13.

se sert du terme plus frappant encore de semence divine,
ὅτι σπέρμα (Θεοῦ) εν αὐτῷ μένει (1).

Saint Pierre dit dans le même sens (1ʳᵉ Ep., ı, 23).

« Etant régénérés non d'une semence corruptible,
mais d'une semence incorruptible par la parole du Dieu
vivant. »

Et comme si chacun des Apôtres ne pouvait se dis-
penser d'apporter son témoignage à cette importante
vérité, saint Jacques vient à son tour l'exprimer.

« Dieu nous a engendrés librement par la parole de
vérité » (Saint Jacques ı, 18).

Vous voyez, Messieurs, comme les différents textes se
complètent l'un l'autre, et nous donnent une idée de
plus en plus claire de cet admirable état surnaturel. C'est
une naissance nouvelle, qui a lieu par l'effusion d'une
vie divine, et nous rend réellement enfants de Dieu,
bien que toujours enfants adoptifs, parce que cette nouvelle vie est surajoutée à notre vie propre et naturelle.

Nous aurons l'occasion de développer, dans la suite
de ce cours, les caractères propres de cette vie nouvelle.
Contentons-nous pour le moment de remarquer que,
suivant la grande loi de la nature énoncée par Aristote,
Omne generans generat simile sibi, l'idée de génération
implique une similitude entre le père et le fils. Cette
nouvelle vie doit donc imprimer dans l'âme de l'homme
une ressemblance singulière avec Dieu. Nouveau carac-

(1) 1ʳᵉ Ep. Joan., ııı, 9.

tère que l'Ecriture Sainte et la tradition confirment.
C'est cette similitude avec Dieu par la grâce que les
Pères et les théologiens ont reconnue dans le passage
primitif de la *Genèse* : *Faciamus hominem ad imaginem
et similitudinem nostram.* C'est cette même ressemblance qu'affirment saint Paul et saint Jean dans ces admirables passages qui entr'ouvrent le voile qui nous
cache le monde supérieur de la vie future.

« Maintenant nous sommes enfants de Dieu ; mais ce
que nous serons ne paraît pas encore. Nous savons que,
lorsqu'il apparaîtra, nous serons semblables à lui, parce
que nous le verrons tel qu'il est... » (1ʳᵉ Ep. de saint
Jean, iii, 2).

Pour nous, contemplant à face découverte la gloire
du Seigneur, nous sommes transformés en la même
image de clarté en clarté, comme par l'Esprit du Seigneur. » (II Ep. aux Corinthiens, iii, 18).

Ainsi la ressemblance avec Dieu, l'empreinte de Dieu
gravée sur l'âme, la déiformité, pour me servir de l'expression des Pères de l'Eglise, tel est l'effet sublime de
cette nouvelle naissance, et le propre caractère de l'enfant de Dieu.

Ces vérités sont bien grandes, bien originales, elles
sont bien propres et particulières à la doctrine chrétienne ; rien de semblable ne se trouve ailleurs,

Ce n'est point qu'on ne trouve quelquefois chez les
Païens et les Juifs le titre d'enfant de Dieu appliqué à
certains hommes, mais alors ces mots ont un sens, ou

grossier et indigne de la divinité, ou simplement métaphorique.

Dans la doctrine chrétienne au contraire, la nouvelle naissance est admirablement pure et spirituelle, mais en même temps parfaitement réelle. C'est une naissance où la chair n'a point de part ; c'est un renouvellement qui se produit dans l'intérieur de l'âme par le Saint-Esprit, mais c'est néanmoins une naissance tout aussi réelle que celle par laquelle l'homme entre dans ce monde.

C'est que les évangélistes et les apôtres avaient sous les yeux un type de paternité et de filiation inconnu des autres hommes. C'est qu'ils connaissaient cette divine génération de la Sainte Trinité, ce Père éternel, source et origine de toute parternité, *ex quo omnis paternitas a cœlo et in terra nominatur* (1), ce Fils, Verbe divin engendré par la connaissance que Dieu a de lui-même (2).

(1) Eph., iii, 15.

(2) On voit que l'enseignement catholique distingue trois générations : la génération éternelle du Verbe, la génération adoptive de la grâce, et la génération naturelle selon la chair. De ces trois générations, la première est propre à Jésus-Christ, Fils éternel du Père ; il possède aussi la troisième, étant vrai fils de la Sainte Vierge. Quant à la seconde ou la génération selon la grâce, Jésus-Christ dans son humanité en possède tous les effets ; son âme est revêtue de la grâce et possède avec surabondance cette semence divine dont parle Saint Jean. Mais on ne peut pas dire qu'il soit fils adoptif de Dieu, parce que la filiation réelle exclut la filiation adoptive.

L'Eglise a condamné, au viiie siècle, l'erreur des adoptianistes qui voulaient attribuer à Jésus-Christ selon son humanité le titre de fils adoptif de Dieu.

C'est à cette génération sublime et infiniment réelle que
les deux générations d'ici-bas, celle de la nature et celle
de la grâce, se rapportent comme à leur type et à leur
modèle. Toutes deux sont des images imparfaites de la
naissance du Verbe de Dieu ; et la nouvelle naissance des
enfants de Dieu est moins éloignée du type éternel que
la première naissance dans laquelle l'âme s'unit au corps.
Voilà pourquoi l'Ecriture Sainte parle de la naissance
nouvelle des enfants dans un langage aussi absolu et
aussi simple ; voilà pourquoi elle dit partout que les
régénérés sont vraiment et réellement et fils de Dieu.

Nous avons reconnu, Messieurs, dans cette leçon, les
fondements de la notion du surnaturel dans l'Ecriture
Sainte. Il nous reste à compléter cette doctrine en étu-
diant dans les textes sacrés et dans la tradition primitive, non plus l'origine de cette vie nouvelle, mais les
caractères permanents et le terme final de cet heureux
état.

DEUXIÈME LEÇON

Nous continuerons aujourd'hui l'étude du surnaturel considéré comme un fait révélé, et antérieurement aux théorie scolastiques qui en ont élucidé et précisé les différentes faces. Nous avons reconnu et examiné l'état surnaturel dans son origine, c'est à dire dans cette naissance nouvelle qui élève l'homme à un état supérieur à sa nature, qui le fait enfant de Dieu, qui répand en lui une vie divine, qui lui donne le glorieux titre d'héritier du ciel.

Aujourd'hui nous considérons cette même vie surnaturelle en premier lieu dans son cours et sa durée sur la terre, et en second lieu dans son terme qui est la vision béatifique.

La première partie de notre étude, celle de l'état surnaturel dans sa durée et son développement ici-bas, ne sera que le complément de ce que nous avons dit dans la dernière leçon.

Le titre d'enfant de Dieu, et les glorieux privilèges qui en résultent, sont en effet quelque chose de permanent qui accompagne le chrétien dans toute la durée de sa vie. Mais il y a dans l'Ecriture Sainte d'autres expressions qui nous montrent la même grâce sous de nouveaux aspects, et nous en font même comprendre l'excellence.

Le premier de ces termes caractéristiques de l'état surnaturel est le terme de sanctification.

Le fidèle est saint par le baptême, l'Eglise est l'assemblés des saints, l'homme nouveau est créé dans la justice et la sainteté, *creatus est in justitia et sanctitate veritatis*, dit saint Paul (1).

Ce serait une erreur de ne voir dans ce mot de sainteté et de sanctification qu'un synonyme de moralité parfaite, d'innocence et de vertu. Ce terme a un sens précis, qui le restreint à un état moral surnaturel.

C'est primitivement un terme liturgique, qui se rapporte au culte extérieur de l'ancienne loi. La sanctification était une cérémonie extérieure par laquelle certaines personnes ou certaines choses étaient tirées de l'usage profane et spécialement consacrées à Dieu.

Il y avait les victimes saintes, la tribu sainte de Lévi, les prêtres qui avaient reçu l'onction sainte. Il fallait être saint pour approcher de Dieu, pour entrer dans le sanctuaire. La sanctification indiquait donc toujours un privilège, quelque chose de particulier, de spécial, surajouté

(1) Eph., IV, 24.

à la nature de la chose ou de la personne sanctifiée. La sanctification s'étendant, il est vrai, au peuple hébreu tout entier; mais dans ce cas encore elle était un privilège. C'était à titre de peuple choisi que le peuple hébreu était le peuple saint.

L'Evangile, en levant le voile des figures de la loi ancienne, a élevé le terme de sanctification à son sens moral et spirituel. C'est l'âme qui est sanctifiée, c'est l'Esprit Saint qui est le Sanctificateur. Mais en passant d'un ordre dans un autre, ce terme n'a pas perdu son sens spécial et caractéristique. De même que la sanctification matérielle était la séparation de l'usage profane pour être consacré à Dieu, de même la sanctification spirituelle est une union et une consécration spéciale, un privilège de l'âme régénérée. Les chrétiens appelés par leur baptême à être saints succèdent au peuple hébreu en tant que peuple choisi; *populus peculiaris* (Deut., VII, 6).

Eux seuls forment la cité sainte, eux seuls peuvent entrer dans le sanctuaire véritable dont le Saint des Saints de l'ancienne loi n'était que la figure.

Cette sanctification partout attribuée à l'Esprit Saint (*non est sanctificatio absque Spiritu*, dit Saint Basile) est très clairement indiquée dans la tradition comme un état au dessus de la nature. Ecoutons sur ce point un autre passage du grand évêque de Césarée.

« Sanctificatio quæ est *extra substantiam*, sanctitatem eis adjungit per Spiritum. »

La sanctification, qui est en dehors de l'essence, ajoute à l'âme une nouvelle sainteté par la puissance du Saint-Esprit.

Tel est le sens du terme de sanctification. Mais il est une autre expression plus forte qui exprime d'une manière plus frappante ce nouvel et glorieux état. C'est celle d'habitation de Dieu dans l'âme.

« Demeurez en moi et je demeurerai en vous. » (Év. de saint Jean, xv, 4).

« Si quelqu'un m'aime, il gardera ma parole, et mon Père l'aimera et nous ferons notre demeure en lui. » (Joan., xiv, 23).

Le disciple bien-aimé de Jésus n'est pas seul à tenir ce langage, car nous trouvons dans Saint Paul : « Que Jésus-Christ habite dans vos cœurs par la foi. » (Eph., iii, 17).

« .....à cause de son Esprit qui habite en vous. » (Rom., viii, 11.)

Joignons à ces passages d'autres non moins significatifs.

« Afin que notre société soit avec le Père et son Fils Jésus-Christ (1). »

« J'ai fait connaître votre nom, et je le ferai connaître encore, afin que l'amour dont vous m'avez aimé soit en eux, et moi en eux (2). »

Ces passages, auxquels on pourrait en joindre d'autres,

(1) I Ep. Joan., i, 3.
(2) Joan., xvii, 26.

nous peignent sous un nouvel aspect cette vie nouvelle déjà caractérisée par le titre d'enfants de Dieu. C'est une relation intime, non seulement avec Dieu lui-même dans son essence, mais avec chacune des personnes divines. C'est le Père, le Fils et le Saint-Esprit qui viennent dans l'âme, qui y résident, c'est-à-dire, pour traduire ce mot dans un sens philosophique, qui exercent sur l'âme une action continuelle, puisque pour Dieu, être présent, c'est agir.

Interrogeons maintenant la tradition qui commente d'une manière frappante ces textes sublimes.

Saint Irénée. — « Des hommes spirituels, vivant pour Dieu, puisqu'ils ont en eux l'Esprit de Dieu qui élève à une vie divine. »

Saint Léon. — « Reconnais, ô homme, ta dignité, et devenu participant de la nature divine, prends garde de dégénérer en retournant à ton ancienne vie. »

Nous trouvons dans saint Cyrille l'expression : parenté avec Dieu.

Dans saint Basile, l'homme en qui la grâce habite est appelé Dieu par grâce. D'autres Pères emploient les mots d'unité avec Dieu, divinisation (de l'homme.)

Citons encore un remarquable passage de saint Athanase, cité par saint Thomas dans l'office du Saint-Sacrement. Le Fils de Dieu a pris la nature humaine pour que nous devenions dieux.

Terminons enfin par une citation de la liturgie de

l'Eglise qui donne à cette doctrine une nouvelle consécration.

C'est la belle prière que le prêtre dit avant l'oblation
du vin.

« O Dieu, faites que nous participions à la divinité de
celui qui a voulu revêtir notre humanité ». La grâce est
donc une sorte de contre partie de l'Incarnation, une
élévation de l'homme correspondant à l'abaissement de
Dieu incarné.

Il nous faudrait maintenant, pour étudier plus complètement cette vie mystérieuse de l'homme élevé à cet
état divin, en examiner les différentes phases et les différents actes, considérer les sources de la grâce dans les
sacrements, son développement dans les habitudes in-
fuses, les vertus surnaturelles et les actes méritoires. Mais
cette étude nous entraînerait trop loin et serait mieux
placée dans une autre partie de ce livre. Ce que nous
avons dit suffit pour faire comprendre cet admirable
commerce entre l'homme et la divinité, cette abondance
de dons merveilleux, si bien exprimée par cette belle
parole de Saint Pierre qui résume tout ce que nous
venons de dire. Dieu nous a accordé, en accomplissement
de ses promesses, des dons très grands et très précieux,
par lesquels nous devenons participants de la nature divine, *divinæ consortes naturæ* (¹).

Il nous reste maintenant à examiner cette vie surna-

(1) II Petr., I, 4.

turelle, dans son terme, dans la béatitude qui la couronne. Naître de Dieu et devenir son enfant, telle est l'origine de cet état sublime; vivre d'une vie divine en Dieu et avec Dieu, tel en est le développement. Quel en sera le terme si ce n'est voir Dieu et être transformé en lui?

Mais avant de tourner nos regards vers ces sublimes horizons de la pensée chrétienne, il me semble utile de faire une remarque préliminaire, et de considérer l'impuissance de toutes les doctrines étrangères à la révélation chrétienne, en face de ce grand et intéressant problème de la nature de la vie future.

L'existence d'une autre vie, l'immortalité de l'âme se trouve professée dans toutes les religions et dans la plupart des systèmes philosophiques. Mais dès qu'il s'agit d'expliquer la nature de ce nouvel état de l'homme, quel vide, quelle pauvreté!

Voyez cette description de l'Hadès d'Homère et de Virgile, cette existence fantastique et demi-réelle, les ombres sans consistance dont toute la vie, se réduisant à des souvenirs, n'est qu'un pâle reflet de la vie terrestre : voilà tout ce que l'imagination brillante des poètes de la Grèce et de Rome a pu inventer pour dépeindre cette vie idéale à laquelle notre nature aspire.

Si de la Grèce nous passons en Orient, nous ne serons pas plus heureux. En Egypte nous trouvons la peinture d'une vie future semblable à la vie présente. L'Hadès est moins sombre que celui de la Grèce ; le voyage fabuleux dans la barque du soleil a quelque chose de gracieux, mais ces fables ne peuvent subsister que dans un état d'enfance de l'humanité et disparaissent devant la science.

La grossière doctrine de la métempsycose, qui ne voit dans la vie à venir que la continuation indéfinie de la vie présente, le paradis sensuel de Mahomet, le désespérant expédient du nirvana bouddhique, pour échapper par l'anéantissement ou tout au moins par l'insensibilité absolue au malheur d'exister, telles sont les tristes et vaines opinions que l'Asie nous présente.

Quant à la philosophie moderne, elle a pris sur cette question un parti plus prudent, celui du silence.

Ainsi de quelque côté qu'on se tourne pour interroger l'humanité, on ne trouve qu'impuissance. Des conceptions grossières qui reproduisent la vie présente toute entière, des conceptions plus subtiles qui ne donnent à la vie future qu'un semblant de réalité, voilà tout ce que l'humanité, livrée à ses propres forces, a su inventer au sujet de l'existence au-delà du tombeau.

C'est qu'en effet, pour quiconque n'est pas éclairé du flambeau de la foi, le problème est absolument insoluble. La mort rompt si complètement tous les liens de la vie présente, elle place l'âme dans un état de solitude si étrange ; elle retranche d'une manière si absolue toutes les conditions actuelles de l'existence, tous les mobiles de l'activité, que, plongeant avec effroi dans ce gouffre sans fond, la raison et l'imagination se perdent et s'égarent. Elles ne peuvent saisir ni une idée ni une image qui leur permette de reconstruire ce monde inconnu, séparé de nous par un voile impénétrable.

Pour la foi et pour elle seule, le monde à venir est une vivante réalité. Elle seule connait ces régions supra-sensibles où la pureté de l'idéal s'allie avec la solidité de l'être réel, à l'image du véritable Infini, en qui se trouve réalisée d'une manière concrète la perfection idéale et absolue. Elle seule nous ouvre des horizons nouveaux, éclatants de lumière, et nous révèle ce monde céleste où la vie surabonde, tout en étant dégagée des grossières exigences de la chair.

C'est sans doute aux manifestations visibles de ce monde supérieur que le christianisme doit en grande partie la clarté et la beauté de sa conception de la vie future. C'est quand Jésus-Christ montra aux apôtres son corps glorieux, c'est quand leurs mains purent toucher ses plaies, signes ineffaçables de la mort, qu'ils comprirent le sens de ces puissantes paroles : « Je suis la résurrection et la vie; celui qui croit en moi vivra, quand même il serait mort. » La Transfiguration et la Résurrection furent les éclatants témoignages, les spéci-mens admirables, si j'ose ainsi parler, de l'existence réelle et céleste à la fois qui nous est promise. La doctrine de la résurrection du corps est capitale aussi pour soulager l'imagination de l'homme en présence de la vie future. Bien que l'état des âmes entre la mort et le jugement dernier nous soit inconnu, la certitude que nous ressusciterons, que nous retrouverons les éléments visibles de notre existence, que nous avons le droit de dire avec Job : *Rursus circumdabor pelle mea, et oculi mei videbunt salvatorem meum* (1), cette glorieuse et confiante assurance réalise pour nous l'autre vie, et nous éloigne du royaume des ombres et des fantômes.

Néanmoins, la doctrine du surnaturel proprement dit, de cette vie supérieure mais cachée qui rapproche ici-bas l'homme de Dieu, en le mettant avec lui dans une si intime communication, est un des moyens les plus puissants pour habituer l'homme à considérer l'existence à venir comme un état où la vie est plus pleine et plus parfaite qu'ici-bas.

Chose étrange en effet, il y a entre la vie naturelle et la vie surnaturelle une profonde différence quant au passage de l'existence présente à l'existence future.

Tandis que la vie naturelle se termine brusquement à a mort par un changement total, par une destruction complète en apparence, tandis qu'elle ressemble à un fleuve qui aboutit à une cataracte et se perd dans un gouffre sans fond, la vie surnaturelle au contraire arrive à son terme doucement et par une transition presque insensible. Les objets qu'elle contemple sont éternels, les œuvres qu'elle entreprend trouvent leur accomplissement de l'autre côté du voile de la mort, les biens

(1) Job., xix, 26.

qu'elle espère sont déjà ici-bas en sa possession.

C'est ce qui résulte très nettement du langage de l'Ecriture Sainte. Partout elle nous présente les biens surnaturels comme étant déjà dans notre âme ; nous sommes déjà enfants de Dieu, nous participons déjà à la vie divine, nous avons dès à présent le Saint-Esprit dans notre cœur.

Saint Jean nous parle de la vie éternelle demeurant en nous (1er Ep., iii, 14).

Il dit que Dieu nous a donné la vie éternelle, et que cette vie est en son Fils (1er Ep., v, 11). Il ajoute que cette vie éternelle est celle qui était de toute éternité auprès du Père, et que Jésus-Christ est lui-même cette vie éternelle.

Et cependant la vie éternelle, c'est le mot dont l'Ecriture se sert pour désigner la vie heureuse dont nous devons jouir après la mort. Vous voyez par les textes que nous venons de citer, que cette vie, qui n'est autre chose qu'une communication de la vie de la Sainte Trinité, existe déjà ici-bas dans les cœurs chrétiens, qu'elle leur est déjà présente, et qu'ils possèdent déjà, sans la connaître autrement que par la foi, la substance de leur bonheur futur.

Aussi, pour les auteurs chrétiens, le vrai passage, le vrai changement, ce n'est pas le passage de la vie de la terre à celle du ciel, c'est celui de l'état de péché à l'état de grâce, de la vie inférieure de la nature à la vie divine.

Lorsque nous aimons nos frères, nous savons que nous sommes passés de la mort à la vie (1re Ep. de S. Jean, III, 14).

C'est ce premier passage de la mort du péché à la vie de l'âme, c'est cette élévation de l'homme déchu à la vie surnaturelle qui est la vraie résurrection.

« Lorsque nous étions morts dans nos péchés, Dieu nous a vivifiés en Jésus-Christ et nous a ressuscités avec lui » (Ephes., II, 5).

Saint Paul parle ici au passé, ce qui montre bien qu'à ses yeux la vraie résurrectiou c'est le passage du péché à la grâce.

Dans un autre endroit, il affirme que la conversion d'une âme est un miracle aussi grand que la résurrection de Jésus-Christ (Ephes., I, 19, 20).

Quant au second passage, au passage de la vie terrestre à la vie future, les auteurs sacrés en parlent dans un langage bien différent. Ce n'est point un changement substantiel, une création nouvelle, c'est une simple manifestation de ce qui existait déjà dans l'âme.

« Les souffrances de cette vie ne sont pas comparables à la gloire future qui sera révélée en nous « (Rom. VIII, 18).

La gloire n'est que la grâce devenue extérieure et sensible et manifestée au dehors. La foi, nous dit le même apôtre, doit se changer dans la vue, l'espérance doit disparaître dans la possession, mais la plus parfaite des trois vertus, la charité, ne subit aucun changement. Ce que nous aimons ici-bas par la grâce, nous l'aimerons encore dans le ciel ; ce qui fait le fonds de notre vie, l'amour nous est déjà communiqué, *Nunc autem manent fides, spes, charitas, tria hæc ; charitas nunquam excidit* (1).

Et il ne faut pas voir dans ces paroles une simple théorie. C'est d'une manière pratique, efficace, que la vie surnaturelle, la vie de la foi, nous fait passer presque sans secousse de l'existence actuelle à l'existence future. Plus cette vie est développée, plus le sentiment du surnaturel est puissant dans l'âme, plus l'homme vit réellement d'avance de l'autre côté du tombeau, plus il habite d'avance dès ici-bas dans le ciel. *Nostra enim conversatio in cœlis est* (2).

Regardez la mort d'un chrétien qui vient de recevoir dans la Sainte Eucharistie le même Sauveur qu'il va dans quelques instants contempler face à face ; ne semble-t-il pas que le sacrement est comme un pont jeté sur cet abîme qui épouvante la nature ?

La mort d'un religieux, séparé déjà depuis longtemps de toutes les choses de la terre, la mort d'un saint détaché du monde et désirant, comme saint Paul, voir son corps dissous pour être avec Jésus-Christ, ces beaux et glorieux spectacles que seule donne la foi chrétienne, ne prouvent-ils pas d'une manière frappante que le

(1) I Cor., xiii, 8, 13.
(2) Philipp., iii, 20.

surnaturel est le même des deux côtés du tombeau ?

Le passage de cette vie à la vie future n'est donc aux yeux de la foi que le passage de l'obscurité de la foi à la clarté de la vision. Les autres changements, tels que la jouissance des biens qu'on possède, et la confirmation de la volonté dans le bien, ne sont que des accessoires et des conséquences du changement principal. C'est la vue qui est la cause de la jouissance. C'est la perception claire du souverain bien qui fixe d'une manière immuable la volonté dans son amour.

Voir Dieu face à face : tel est donc le terme de la vie surnaturelle ; telle est la fin supérieure à laquelle l'homme est appelé, telle est la félicité suprême qui lui est promise.

Videmus nunc per speculum in ænigmate, tunc autem facie ad faciem.

Nunc cognosco ex parte : tunc autem cognoscam sicut et cognitus sum (I Cor. xiii, 12).

Similes ei erimus, quia videbimus eum sicuti est (Iʳᵉ Ep. de S. Jean, iii, 2).

Servi ejus servient ei et videbunt faciem ejus (Apoc. xxii, 3, 4).

A ces textes si frappants joignons ce beau passage de saint Irénée.

« De même que ceux qui voient la lumière sont dans la lumière et voient la clarté, de même ceux qui voient Dieu sont au dedans de Dieu et voient sa clarté, et la clarté les vivifie. Les hommes voient Dieu pour vivre et par cette vision ils deviennent immortels et atteignent jusqu'à Dieu (1). »

Il nous reste maintenant, pour achever de prouver l'existence de l'ordre surnaturel, à établir que cette vision directe de Dieu est au-dessus des forces et des droits de la nature.

Il nous suffit pour cela de nous rappeler qu'à côté de ces textes sacrés qui nous promettent la vision de Dieu, il y en a d'autres non moins clairs et non moins nombreux qui déclarent cette vision impossible sans un secours spécial et une élévation de la nature au-dessus d'elle-même.

Nous pouvons rappeler en premier lieu l'ancienne tradition des patriarches d'après laquelle on ne peut voir Dieu sans mourir. Gédéon, ayant vu l'ange du Seigneur, s'écrie : Hélas, j'ai vu l'ange du Seigneur face à face, et le Seigneur lui répondit : La paix soit avec toi, tu ne mourras pas (2).

La même impossibilité de voir Dieu se trouve exprimée dans les deux étranges visions de Moïse et d'Elie. Moïse demande à Dieu de lui montrer sa gloire. Dieu lui répond : Tu ne pourras pas voir ma face, car l'homme ne peut me voir et vivre (3).

Elie sur la montagne voit passer le Seigneur mais il ne peut voir sa face (4).

(1) *Adversus hæreses*, lib. IV, cap. xx, 5.
(2) Judic., vi, 22, 23.
(3) Exode. xxxiii, 20.
(4) III Rois, xix, 11-14.

Sans doute, au sens strictement théologique, il ne s'agissait pas dans ces récits de la vision intuitive proprement dite, mais d'une manifestation miraculeuse de la puissance divine, d'une sorte de connaissance plus claire que la foi, mais encore très voilée. Ces passages peuvent néanmoins être considérés comme s'appliquant à plus forte raison à la vue de Dieu face à face.

Le Nouveau Testament est sur ce point plus affirmatif et plus net.

« Personne ne connaît le Père que le Fils et celui à qui le Fils a voulu le révéler (1). »

« Personne n'a jamais vu Dieu. Le Fils unique qui est dans le sein du Père nous l'a révélé (2). »

« Honneur et gloire au Roi des siècles immortel et invisible (3). »

« Dieu, qui habite une lumière inaccessible qu'aucun des hommes n'a vu ni ne peut voir (4). »

Remarquons ici encore l'accord des trois apôtres, saint Mathieu, saint Jean et saint Paul ; leurs textes se correspondent avec une parfaite exactitude, qui se retrouve presque partout et dément l'absurde supposition d'une divergence de doctrine entre eux.

Après avoir contemplé cette doctrine dans sa source, nous pouvons maintenant en commencer l'étude théo-

(1) Matth. xi, 27.
(2) Ev. de S. Jean, i, 18. i. Ep. de S. Jean, iv, 12.
(3) I Tim. i, 17.
(4) I Tim. vi, 16.

logique et scolastique. Nous savons maintenant que les formules que nous emploierons ne couvrent ni des hypothèses, ni des rêves mystiques, ni de vaines abstractions. Nous nous trouvons en présence du monde surnaturel, manifesté par l'Ecriture Sainte et la tradition, dans la même situation que les physiciens et les naturalistes en présence du monde de la nature.

Après l'avoir vu, nous allons l'analyser, en chercher les lois, en dégager le caractère constitutif, puis nous en étudierons l'économie dans le monde et dans l'histoire. Nous essayerons ainsi de joindre, suivant la parole de saint Pierre. à la foi la science, et d'acquérir cette sagesse des parfaits, cachée dans le mystère de Dieu, et si bien décrite par saint Paul,

Nous n'entreprendrons pas cette étude par nos propres orces et nos propres lumières, et nous n'oublierons pas qu il s'agit de ces choses que l'œil n'a point vues, que 'oreille n'a point entendues, et que Dieu a préparées à ceux qui l'aiment. C'est le Saint-Esprit seul qui a révélé le fonds de la doctrine ; c'est Lui aussi, parlant par la bouche de l'Eglise, qui peut nous en donner l'explication, suivant cette parole de saint Paul :

« Qui peut savoir ce qui est dans l'homme, si ce n'est l'esprit de l'homme qui est en lui, et qui peut connaître les choses de Dieu, si ce n'est l'Esprit de Dieu (1) ? »

(1) 1 Cor., ii, 16.

TROISIÈME LEÇON

L'étude du surnaturel dans l'Ecriture Sainte et dans les premiers monuments de la tradition nous a conduits à constater un grand fait, celui de l'élévation de l'homme à un état supérieur à sa condition naturelle par l'effet des dons précieux et gratuits du Créateur. Ce fait, décrit par les écrivains sacrés sous les aspects les plus variés, a été défini d'une manière parfaitement nette par les Pères du ıv^e et du ve siècle, de cette grande époque des discussions théologiques qui résume et condense toute la tradition antérieure.

Quatre termes d'une signification presque identique et précise servent à désigner cet état supérieur de l'humanité.

Ce sont les termes dons surajoutés, *adscititia*.

Dons étrangers à l'essence ἔξωθεν τῆς οὐσίας.

Supérieurs à la nature ὑπέρ φύσιν.

Dons gratuits χάρις, χαρισματα.

Ce sont ces expressions que nous allons essayer de commenter aujourd'hui en faisant, conformément aux principes de la théologie scolastique, la théorie métaphysique du surnaturel.

Ce qu'il faut avant tout pour constituer cette théorie, c'est une définition de la nature assez nette pour que l'on puisse bien comprendre ce que c'est que d'être au-dessus d'elle et en dehors de ses limites.

Parmi les nombreuses définitions données par les scolastiques, la plus précise et la plus satisfaisante nous paraît être celle-ci :

La nature d'un être est l'ensemble de ses facultés actives et de ses capacités passives. La nature ainsi considérée ne diffère pas réellement de l'essence de l'être qui embrasse, elle aussi, toutes les propriétés.

Mais le concept de la nature a quelque chose de plus précis, en ce qu'il considère l'être d'une manière spéciale comme un sujet d'actions et de passions ; c'est-à-dire comme destiné à modifier d'autres êtres ou à être modifié par eux.

La nature étant ainsi définie, ce que l'on appelle la fin de la nature ou la fin naturelle de l'être se conçoit aisément. La raison et l'expérience nous affirment en effet avec une égale autorité que les êtres ne sont pas jetés au hasard sur la terre, et que leurs actions ou leurs modifications n'ont pas lieu d'une manière arbitraire. Tout être tient une certaine place dans l'ensemble de l'univers, il est destiné à jouer un certain rôle, il doit atteindre une fin.

Cette fin peut être considérée à deux points de vue. — Objectivement, la fin est quelque chose d'extérieur à l'être individuel que nous considérons : elle constitue la part de cet être dans l'accomplissement de la fin générale de l'univers.

Pour les végétaux, les animaux et les autres êtres inférieurs, cette fin sera de contribuer à la beauté générale de la nature ou au bien de l'homme, roi de la création. Pour l'ange et l'homme, cette fin sera l'augmentation par la louange de la gloire extérieure de Dieu, et aussi une influence bienfaisante sur les autres êtres raisonnables.

Mais la fin peut aussi être considérée subjectivement, c'est-à-dire dans l'être lui-même. L'accomplissement de la fin objective de l'être ne peut avoir lieu sans qu'il exerce de diverses manières ses facultés tant actives que passives, sans qu'il produise des actes, sans qu'il subisse des modifications. Il y a une réaction nécessaire du dehors sur le dedans, par laquelle l'individu en travaillant au bien général se développe et se perfectionne lui-même. Ce développement, ce perfectionnement, quand il est régulier, normal et complet, s'appelle la fin naturelle de cet individu.

Il ne sera pas difficile de tirer des définitions précédentes une conséquence importante. C'est qu'en règle générale, l'accomplissement de la fin d'un être, tant de sa fin objective que de sa fin subjective, doit coïncider avec le développement régulier et normal de toutes ses facultés, tant actives que passives.

En effet, en nous plaçant au point de vue de l'ordre général et en partant du principe que le monde, œuvre de l'intelligence divine, a été créé pour une fin déterminée, et que tous les éléments qui le composent sont coordonnés pour cette fin, il sera aisé de reconnaître que les facultés diverses d'un être n'ont pu lui être données que pour l'accomplissement de sa fin, qu'elles sont des moyens pour atteindre ce but, et dès lors qu'elles ont dû entrer en exercice lorsque la fin s'est accomplie.

Quand une machine a accompli la série des opérations pour laquelle elle est faite, les différents rouages, les différents robinets, les différents outils ont dû entrer en mouvement et servir à leur tour. Sans cela, ils seraient de trop dans la machine, et leur superfluité serait justement reprochée au constructeur.

Donc, en principe général, la fin d'un être coïncide avec le développement normal de ses facultés. On comprend dès lors une double opération rationnelle qui peut se faire au sujet de tous les êtres. Etant supposée connue la fin d'un être, on peut déterminer ses facultés. Les facultés étant connues, on peut arriver à définir et à expliquer la fin. On pourrait faire dans la philosophie le même travail que font les naturalistes qui d'une part reconstruisent les organes d'après la destinée connue d'un animal, et d'autre part devinent les mœurs et les habitudes d'une espèce d'après la configuration des ossements.

Des principes préliminaires étant établis, nous pouvons arriver à la question spéciale qui nous occupe, la détermination des limites de la nature. Le surnaturel en effet est par définition au-dessus et en dehors de ces limites.

La connaissance de ces limites est donc nécessaire pour caractériser les facultés et les actes qui n'y sont pas compris.

Pour déterminer ces limites, la théologie s'est placée à plusieurs points de vue différents.

Elle a pris, comme première base de distinction, l'étendue du champ d'action de la nature, livrée à ses propres forces.

Elle a appelé naturel tout ce que la nature peut par elle-même faire, acquérir, ou mériter ; gratuit ou surnaturel, tout ce qu'elle ne peut obtenir que par l'effet d'un secours exceptionnel de Dieu.

C'est le sens direct et primitif du mot gratuit. C'est en ce sens que le terme de grâce paraît avoir été employé par saint Paul.

Mais à côté de cette distinction, il en existe une autre, vers laquelle la pensée est forcément ramenée.

Si nous considérons la nature non plus dans le cours de son développement, mais à son origine, au moment même de sa création, avant qu'elle ait pu agir, avant qu'elle ait pu se perfectionner elle-même, nous ne pouvons plus appliquer la délimitation indiquée ci-dessus. A cet instant primitif, en effet, il semble que tout soit gratuit comme la création elle-même.

Que peut mériter, que peut acquérir celui qui n'est pas encore ? N'est-ce pas le cas de dire : *Quid habes quod non accepisti ?* (1), ou d'appliquer, en en détournant un peu le sens, le vers de Lamartine :

> L'insensible néant t'a-t-il demandé l'être?

Tout serait donc gratuit à l'origine, et cela est vrai dans un certain sens. Le don de l'existence lui-même est une grâce.

Mais il est clair aussi que, pour atteindre notre but qui est de tracer la limite des deux ordres de la nature et de la grâce, nous ne pouvons admettre cette manière de parler. La nature elle-même, le fonds de l'être doit évidemment faire partie de l'ordre naturel. Il faut donc trouver un autre motif de distinction.

Voici comment la théologie s'y est prise.

Elle a pris pour objet de son examen ce qu'elle a appelé le champ des exigences de la nature, c'est-à-dire, ce dont la nature a besoin pour accomplir sa fin.

L'ensemble de ce qui est ainsi nécessaire à la nature a pris le nom de *exigentia naturæ* ou *debitum naturæ*. Tout ce qui n'est pas compris dans cette limite est dit surnaturel, gratuit, *indebitum*.

(1) 1 Cor. ıv, 7.

On comprend en effet qu'un être ne puisse accomplir sa fin sans qu'une série de moyens nécessaires lui soient accordés. Il lui faut d'abord ses facultés, toutes ses facultés ; il faut que leur exercice soit libre, qu'elles ne soient pas paralysées. Il faut que les objets sur lesquels ses facultés doivent agir et les agents qui doivent modifier ses capacités, soient à sa portée. Il faut enfin que le Créateur, sans le concours duquel la créature ne saurait agir, lui prête cet appui indispensable dans la mesure nécessaire pour que la fin soit remplie. Tous ces éléments, facultés, objets extérieurs, circonstances, concours divin, sont donc nécessaires à l'accomplissement de la fin. La nature, supposé qu'elle doive parvenir à sa fin, en a besoin. Ils lui sont dus pour ainsi dire. Voilà ce qu'on nomme les exigences, les droits de la nature, *debitum naturæ*.

Faut-il prendre cette expression à la lettre, et y voir sinon un véritable droit de la nature, tout au moins une obligation du Créateur envers sa propre sagesse d'accorder à chaque être le *debitum naturæ* nécessaire pour atteindre sa fin ?

En d'autres termes, tout être a-t-il droit à atteindre la fin de sa nature ?

Ce serait, je le crois, une grave erreur ; et le langage des théologiens qui s'expriment souvent ainsi : — Le Créateur doit à sa créature — doit être interprété et singulièrement adouci.

Non seulement en effet l'idée de droit appliquée au

Créateur envers sa créature, en dehors d'une promesse de celui-ci (suivant la parole de saint Augustin, *debitorem se fecit promittendo*) : non seulement, dis-je, cette idée est dangereuse et peu conforme aux sentiments d'adoration absolue dus à l'être suprême, mais l'expérience même prouve que, dans l'ordre général du monde, un grand nombre d'individus de chaque espèce n'atteignent pas leur fin, sans cependant que leur destruction prématurée puisse être considérée comme un accident.

Voyez ces nombreux germes destinés à périr avant que les rudiments d'organes qu'ils contenaient aient pu entrer en exercice. Voyez ces animaux qui semblent créés uniquement pour être la pâture des autres, et dont la vie est coupée brusquement avant le complet développement qui doit correspondre à l'accomplissement de la fin naturelle. Quelque étrange que cela paraisse, quelque contradictoire que cela semble avec le principe énoncé plus haut de l'accord entre la fin et le développement normal des facultés, il est cependant certain qu'un très grand nombre des individus, peut-être la majorité des individus de chaque espèce, n'est pas en fait selon l'ordre providentiel, destinée à arriver à la maturité complète et au développement normal de leurs puissances.

Il s'en faut donc de beaucoup que les individus reçoivent en règle générale du Créateur ce que la nature exigerait. A plus forte raison serait-il faux de croire qu'ils ont droit de lui réclamer cette mesure de forces et de secours.

L'être créé n'a aucun droit sur le Créateur. Qu'il vive ou qu'il périsse, qu'il se développe ou qu'il soit enlevé à la fleur de l'âge, il ne peut pas se plaindre ; l'existence même incomplète et tronquée est encore un bienfait de Dieu. On peut appliquer en ce sens à l'ordre même de la nature ces paroles de saint Paul : *Numquid dicit figmentum ei qui se finxit : quid me fecisti sic ?* » (1).

Les seuls droits que l'être créé peut posséder résultent de la promesse divine gravée dans la conscience. Ils n'appartiennent qu'à l'être raisonnable, et consistent uniquement en ce qu'il doit être récompensé ou puni selon ses œuvres, en tenant compte des dons qu'il a reçus avec mission de les mettre en valeur. Mais la nature en général en présence de Dieu considéré comme créateur des espèces et non comme rémunérateur des êtres moraux, n'a aucun droit véritable.

L'expression *debitum naturæ* doit donc être considérée comme la simple énonciation d'un fait, à savoir, que telle chose est nécessaire à un être pour atteindre sa fin naturelle.

Quant à la conséquence qu'on voudrait tirer de ce fait, à savoir que cette chose nécessaire pour obtenir sa fin lui sera accordée, elle est hypothétique et nullement nécessaire. En général néanmoins cette conséquence se vérifie, non pour tous les individus de l'espèce, mais pour quelques-uns d'entre eux. Les individus non raisonnables semblent en général sacrifiés dans le plan de

(1) Rom., ix, 20.

la Providence. Pourvu que l'espèce soit représentée par certains individus arrivant à leur complet développement, il semble que l'ordre providentiel est sauvé et le plan du Créateur réalisé (1).

(1) Cette simple remarque en nous prévenant contre les exagérations maladroites de la doctrine de la finalité, lève en même temps les objections que certains auteurs ont élevées contre l'emploi régulier de cette doctrine.

Dans un article sur M. Jouffroy, M. Taine attaquait l'argument par lequel la philosophie spiritualiste s'élevait des aptitudes et des aspirations de l'âme humaine à la notion de son immortalité.

Jouffroy ayant raisonné ainsi :

La nature d'un être indique sa destinée.

Or la nature de l'homme comporte des aspirations infinies que notre condition actuelle seule ne peut satisfaire ; donc il y a une vie future.

Taine réplique :

La destinée du bœuf est de vivre quinze ans, et de se reproduire. Si l'homme l'en empêche, il faudra d'après le principe de la finalité lui supposer une autre vie où s'accomplirait ce qui a manqué à son existence actuelle. Là-dessus, triomphe de l'auteur matérialiste et plaisanteries d'un goût douteux sur les petits veaux de la vie future.

La distinction que nous venons d'établir fait justice de cette odieuse assimilation.

Si nous considérons l'espèce, il est également vrai de dire que la fin de l'espèce humaine déduite de ses facultés, contient l'idée de la vie future, et que la fin de l'espèce bovine contient une durée de vie de quinze ans et la reproduction. La parité des arguments peut être admise.

Mais si nous passons à une question toute distincte, celle de l'application de la destinée de l'espèce aux individus, la thèse change. Dans l'espèce bovine comme dans toute espèce naturelle, certains individus peuvent être sacrifiés et ne pas atteindre leur développement ; c'est la règle générale de la nature. Il

Ecartons donc de cette notion des exigences des droits de la nature toute idée de droit véritable, de mérite dans l'être créé, et d'obligation dans le Créateur.

N'y voyons que l'expression de ce fait, que tel être, supposé qu'il doive atteindre sa fin, a besoin de telle facultés et de tels secours.

Servons-nous de cette expression consacrée, *debitum naturæ*, ce qui est dû à la nature, mais n'oublions pas que, dans cette dette d'un nouveau genre, le vrai créancier ce n'est pas l'individu, c'est l'espèce ; et le débiteur ce n'est pas le Créateur mais simplement l'ordre général réel ou hypothétique, sujet ou non à des exceptions en vertu desquelles certains être sont dépourvus des moyens d'atteindre leur fin.

Le *debitum naturæ*, le champ des exigences de la nature étant bien compris, on saisira aisément par opposition la notion des dons gratuits.

Est gratuit tout don qui n'est pas compris dans les exigences de la nature, tout don sans lequel la nature pourrait atteindre sa fin.

Là où s'arrête le *debitum naturæ*, là commence la grâce.

suffira pour l'ordre, comme pour la conservation de l'espèce, que certains individus parviennent à leur fin.

Dans l'espèce humaine, il en est autrement ; l'homme étant libre, intelligent et personnel, a des droits individuels que n'a pas l'animal. Il ne saurait être privé sans sa faute de l'immortalité, si comme l'argument établi plus haut le prouve, cette immortalité fait partie essentielle de sa destinée. Ainsi disparaît l'assimilation de M. Taine, et avec elle son attaque contre le principe de la finalité appliqué à la destinée de l'homme.

Il est facile de remarquer que ce nouveau point de vue sous lequel on peut considérer les dons gratuits, est distinct du premier.

L'un prend pour point de départ les *forces* de la *nature*, l'autre *ses besoins*.

Rigoureusement, rien n'empêche qu'une qualité ou une perfection puisse être acquise par la nature et ne lui soit pas nécessaire.

De même, rien ne prouve que la nature puisse acquérir par elle-même tout ce dont elle a besoin pour atteindre sa fin.

Mais on conçoit qu'un don qui dépasse à la fois ces deux limites, que la nature ne peut acquérir et dont elle pourrait se passer, mérite complètement le nom de don gratuit ou surnaturel.

Or nous verrons que les dons admirables de la grâce dont nous avons parlé dans les leçons précédentes, satisfont à ces deux conditions.

Nous pouvons même aller plus loin, et dire que ces dons précieux remplissent une troisième condition, et ont un troisième titre au nom de dons gratuits.

La théologie admet en effet, parmi les dons qui sont au-dessus de la nature, deux degrés profondément distincts.

Elle reconnaît deux ordres de dons gratuits, les uns destinés à perfectionner la nature dans sa propre sphère, les autres à l'élever au-dessus d'elle-même.

Rien de plus facile que de saisir cette distinction. La

fin de l'être, avons-nous dit, coïncide avec le développement normal et régulier de ses facultés. Mais un développement normal et régulier n'est pas le développement le plus grand et le plus parfait qui puisse exister. La fin de l'intelligence humaine est de connaître par certains procédés qui lui sont propres.

Mais connaître tout ce que ces procédés peuvent atteindre, le connaître aisément, avec certitude, avec clarté, avec perfection, tout cela n'est pas requis pour que l'intelligence atteigne sa fin ; cependant tout cela n'est pas au-dessus de l'intelligence. La fin de la volonté est d'aimer et de pratiquer le bien. Mais le pratiquer héroïquement, mais être porté par sa nature à le pratiquer, tout cela, bien que compris dans les limites de la perfection que la volonté peut posséder, ne lui est pas essentiel pour atteindre sa fin. La volonté n'est pas parfaite mais elle est bonne sans cela.

Ainsi, au delà du champ précédemment indiqué des exigences de la nature, on conçoit un champ plus vaste, celui de la perfection de cette nature, sans que rien soit changé néanmoins ni dans les facultés, ni dans la fin vers laquelle ces facultés tendent. Ce champ s'étend jusqu'à la limite *maxima* du bien que peut faire, des perfections que peut posséder une nature, tout en restant elle-même, en ne possédant et ne mettant en action que les mêmes facultés qui permettraient à une nature complète et bonne mais moins richement douée d'atteindre sa fin.

C'est dans cette situation intermédiaire de dons qui ne sont pas dus à la nature, mais qui ne la dépassent pas de tout point que, dans la suite de ce cours, nous placerons quelques-uns des privilèges de l'état d'innocence du premier homme.

Mais quant à la grâce proprement dite, à l'adoption divine, à la régénération, au privilège de la vision intuitive, ces dons dépassent évidemment la nature d'une manière absolue.

Ce ne sont pas des moyens d'atteindre plus facilement ou plus parfaitement la fin naturelle, ce sont des puissances nouvelles tendant à une fin supérieure.

Ainsi, nous devons concevoir la nature humaine comme complète par elle-même, ayant sa fin propre, sa place dans l'ordre général, et la grâce comme venant se surajouter à la nature, et l'élever à une fin et à des destinées toutes nouvelles.

Mais pour mieux saisir cette distinction des deux ordres, nous pouvons nous poser une question importante qui nous suggérera une notion nouvelle.

Comment cette élévation de l'homme à une fin supérieure à son essence est-elle possible ?

Ne semble-t-il pas qu'il y a là une espèce de contradiction ?

Un être peut-il faire des actes sans avoir l'aptitude de les faire, peut-il éprouver des effets sans avoir dans sa nature la capacité de les subir ? La nature n'est-elle pas par définition l'ensemble des facultés de l'être, et dès lors, comment peut-il y éprouver des phénomènes qui ne soient pas dans la nature?

Ne semble-t-il pas aussi que cette supposition anéantit la distinction des espèces? Pourquoi alors ne pas croire que l'animal pourrait recevoir surnaturellement la faculté de raisonner, la matière celle de penser?

Voici comment cette grave question posée pour la première fois par les Pélagiens, a été résolue par Saint Augustin.

C'est une parole remarquable qui a servi de base à toute une théorie.

« *Posse habere fidem et charitatem, naturæ est humanæ; habere autem fidem et caritatem gratiæ est fidelium* » (1).

Saint Augustin admet donc dans la nature une capacité purement passive de recevoir la grâce.

Dans un autre passage il restreint cette capacité à la nature raisonnable.

« *Non enim gratia Dei lapidibus aut lignis vel pecoribus præstatur, sed quæ imago Dei est, meretur hanc gratiam* » (2).

Ces passages de saint Augustin sont devenus dans l'Ecole la base d'une théorie nouvelle pour laquelle a été créé un mot, un peu barbare, mais dont le sens est clair et l'utilité incontestable.

(1) La capacité de posséder la foi et la charité appartient à la nature humaine, le don de la foi et de la charité est une grâce.

(2) *Meretur* ne doit pas être pris dans le sens de mériter, ce qui serait pélagien, mais dans celui d'être capable de recevoir.

Ce mot est celui de *puissance obédientielle.*

La puissance obédientielle n'est autre que la capacité purement passive que les êtres raisonnables ont d'être élevés à la fin surnaturelle. C'est une aptitude à subir une action divine spéciale qui transforme l'être et l'élève au-dessus de lui-même.

Les théologiens ont fait de longs traités sur la puissance obédientielle. Leur théorie abstraite est d'une grande utilité pour comprendre la notion du surnaturel.

Ils s'attachent surtout à comparer la puissance obédientielle aux autres puissances ou capacités naturelles de l'être raisonnable.

Les puissances naturelles peuvent être mises en acte par tous les agents naturels, la puissance obédientielle par Dieu seul, et encore par un acte spécial de Dieu, l'acte producteur du Surnaturel, l'acte sanctificateur.

Les puissances naturelles sont en même temps des exigences de la nature, elles demandent à être exercées; elles sont jointes à des appétits qui poussent l'être à se développer dans le sens de ses diverses facultés.

La puissance obédientielle n'est jointe à aucun besoin, à aucun appétit.

Quand les puissances naturelles restent inertes, faute d'objet ou faute de circonstances favorables, l'être est in-complet, tronqué ; il n'atteint pas sa fin, il y a désordre.

Quand la puissance obédientielle reste en repos faute de l'action divine qui pourrait produire du surnaturel, il n'y a aucun désordre, l'être reste complet, et toutes les autres facultés peuvent tendre à leur fin d'une manière régulière.

Toute action, toute modification d'une puissance naturelle réagit sur les autres puissances. L'intelligence ne peut travailler sans que la sensibilité et la volonté s'éveillent et entrent en acte à l'occasion des pensées qui occupent la première faculté.

Toutes les puissances de l'être au contraire peuvent entrer en acte sans éveiller le moins du monde la puissance obédientielle purement inerte et passive jusqu'au jour où Dieu, produisant la grâce dans l'âme, la fait sortir de son repos qui est presque identique au néant.

C'est par cette puissance obédientielle que les dons gratuits, étrangers par leur nature à l'être, s'unissent à lui, c'est par elle que la grâce s'attache et devient inhérente à la nature. Du moment d'ailleurs que la grâce a été répandue dans l'âme, l'inertie de la puissance obédientielle cesse.

Cette puissance entre en acte et par là même l'âme entière est surnaturalisée.

L'élément surnaturel l'envahissant, réagit sur les puissances naturelles et réciproquement trouve en elles soit la coopération soit l'obstacle.

Vous comprenez maintenant comment la théorie de la puissance obédientielle résout l'objection que nous avions posée plus haut.

L'essence de l'être reste définie et distincte de celle des autres êtres. La puissance obédientielle fait partie de cette essence ; les êtres raisonnables la possèdent, les autres ne l'ont pas.

C'est sans doute par une volonté libre et gratuite que la grâce est conférée à l'homme ; mais ce n'est pas un acte arbitraire de la toute-puissance qui confondrait les espèces. L'homme peut acquérir la grâce, il n'y a pas droit mais il y a en lui quelque chose qui le rend capable de la recevoir. Telle est la partie profonde de cette remarquable parole de saint Augustin ;

Posse habere fidem et charitatem naturæ est humanæ, habere autem fidém gratiæ est fidélium.

Résumons en quelques mots la théorie que nous venons de développer.

L'être raisonnable est doué de facultés dirigées pour une fin qui coïncide avec le développement normal de ses facultés.

Il a en outre une capacité purement passive qui le rend susceptible d'être élevé à une fin supérieure.

Pour atteindre sa fin naturelle, l'être à besoin de certains secours, d'un ensemble de moyens et de circonstances qu'on nomme les exigences de la nature, *debitum naturæ.*

Au delà de ce champ des exigences de la nature se trouvent deux ordres de dons gratuits.

Les uns destinés à élever la nature dans son ordre à toute la perfection dont elle est susceptible ; ces dons opèrent sur les puissances naturelles de l'âme pour la pousser à sa fin d'une manière plus rapide et plus complète,

Les autres dons qui sont proprement dits les dons surnaturels, correspondent à la puissance obédientielle et élèvent l'être à une fin supérieure à sa fin naturelle.

Ils sont produits par une action spéciale de Dieu, l'acte sanctificateur, intermédiaire entre l'acte créateur qui opère sans sujet préexistant, et l'acte modificateur qui agit sur les puissances naturelles d'un sujet et ne fait que les développer.

Ainsi la nature n'a pas besoin de la grâce : elle est complète sans la grâce. Quand la grâce survient, la nature est élevée au-dessus d'elle-même sans rien perdre de ses facultés ; quand la grâce se retire, la nature dépouillée des dons gratuits reste entière.

La nature et la grâce ne diffèrent pas seulement par le degré, ce sont des dons d'espèce différente : il y a entre l'une et l'autre plus de différence qu'entre le corps et l'âme.

Terminons par un magnifique passage de Pascal.

« La distance infinie des corps aux esprits figure la distance plus infinie des esprits à la charité, car elle est surnaturelle.

« De tous les corps ensemble, on ne saurait faire sortir une petite pensée : Cela est impossible et d'un autre ordre.

« De tous les corps et les esprits on ne saurait tirer aucun mouvement de vraie charité.

« Cela est impossible et d'un autre ordre, surnaturel. »

Telle est la théorie métaphysique du surnaturel.

Il nous reste maintenant à vérifier son accord avec la

révélation. Jusqu'à présent elle n'est pour nous qu'une hypothèse explicative des faits révélés. Il nous reste à voir si elle est vraiment certaine. Nous avons à faire l'opération analogue à la vérification faite par les savants de l'hypothèse de Newton ou de Copernic.

Notre moyen de vérification ce sera, avant tout, l'ensemble des décisions de l'Eglise. Les systèmes sont l'œuvre des hommes travaillant individuellement.

L'Eglise juge les systèmes, écarte ceux qui sont dangereux, et donne à ceux qui représentent la vérité une consécration dogmatique.

Nous allons donc étudier dans l'histoire des controverses dogmatiques cette profonde distinction de la grâce et de la nature que nous venons d'esquisser.

Nous déterminerons ainsi le caractère négatif de la grâce, sa différence d'avec la nature.

Nous pourrons ensuite aller plus loin et chercher à comprendre son caractère positif, c'est-à-dire le genre d'union avec Dieu qui élève ainsi l'âme au-dessus de la nature.

C'est de ces deux études, s'éclairant l'une l'autre, que sortira pour nous la connaissance la plus complète possible de ce monde admirable dont la foi nous révèle obscurément les splendeurs.

Saiht-Amand (Cher). — Imp. BUSSIÈRE.